내향인 설명서

집에 있어도 집에 가고 싶은

내향인 설명서

집에 있어도 집에 가고 싶은

내향인 설명서

콜린 피에레 글 * 로이크 프루아사르 그림 * 김영신 옮김

ㅎ 현암사

이 책 뭐야?
도대체 무슨 책이야?

표지를 보자마자 이 책에 끌렸어?
혹시 너도 표지에 적힌 사람 중 하나야?
종종 고독하다거나 소심하다거나
겉돈다는 이야기를 들어?
그렇다면 너는….

내향성이 뭐예요?

내향성이 뭘까? 병? 열대 바이러스? 초능력? 숨은 정체성? 새로운 유행? 명상 요법?

천만에! 친애하는 융* 선생님이 내향성이 무엇인지 천천히 알려 줄 거야!

* 스위스에서 태어난 칼 구스타프 융은 20세기 초 이름을 떨친 정신과 의사이다. 융은 심리적 기능을 체계화하고 심리적 유형을 만들었다. 이 심리적 유형은 크게 두 가지로 나뉘는데, 그 중심에 있는 유형이 바로 내향성과 외향성이다.

내향성은 심리학적
유형이에요!

아하, 한번에 이해됐어요.

심리학적 유형은 다른 사람이나
바깥 세상, 그리고 그 밖의 외적인 것뿐 아니라
자신에 대해 관심 갖는 방식을
일컫는 거예요.

좀 더 쉽게
설명해 주세요.

내향인은 자신의 내면과 생각,

감정과 꿈에 관심이 많으며,

고요함과 고독에서 에너지를 얻어요.

저기,

내 말 듣고 있어요?

죄송해요. 딴생각했어요.

선생님 말이 너무 많아서

살짝 피곤해요.

어때, 이 유별난 내향인에 대해 더 알고 싶은 마음이 생겼어? 자신이 내향인인지 궁금해? 내향인의 습관과 생활 방식이 알고 싶어? 너를 있는 그대로 받아들이지 않고 자꾸 바꾸려는 사람들에게 한 방 날리고 싶어? 내향인이라고 세상에 당당히 외치고 싶어? 적대적인 환경(과 외향인이 이끌어 가는 세상)에서 생존하는 법을 배우고 싶어?

그렇다면 이 책은 너를 위한 거야!

잊지 마.
내향성은 단점이 아니야(세상 사람 모두가
그렇게 떠들어도 절대 끌려가지 마)!

레슨 1

내향성은
무엇인가?

내향인 분석하기

내향인은 겉으로 보기에 남들과 똑같아.

머리, 가슴, 팔다리, 이름, 신경계, 배꼽, 유머 감각(없을 수도 있어) 등을 갖고 있지. 내향인과 외향인은 차림새와 착용한 액세

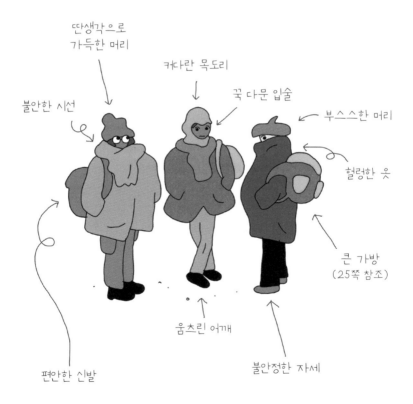

딴생각으로
가득한 머리

커다란 목도리

꾹 다문 입술

불안한 시선

부스스한 머리

헐렁한 옷

큰 가방
(25쪽 참조)

움츠린 어깨

불안정한 자세

편안한 신발

서리로도 구분할 수 있지만, 크게 두 유형의 상호 행동으로도
구분 가능해.

	내향인	외향인
*	단순하지만 신중한 성격	솔직하고 말이 많은 성격
*	내면과 고요 속에서 에너지를 얻는다	활동과 상호 작용에서 에너지를 얻는다
*	관심의 대상이 되는 것을 싫어한다	관심의 대상이 되는 것을 좋아한다
*	혼자서 조용히 생각하거나, 글을 쓰며 생각한다	말을 하면서 생각한다
*	조용하고 사람이 없는 장소를 좋아한다	활기차고 변화한 장소를 좋아한다
*	감정을 거의 드러내지 않고, 가까운 사람에게만 속마음을 털어놓는다	쉽게 감정을 드러내고 많은 사람에게 이야기한다
*	행동하기 전에 생각한다	생각보다 행동이 앞선다
*	고독을 좋아한다	고독을 견디지 못한다
*	일대일로 대면할 때 기분이 좋다	많은 사람과 함께일 때 기분이 좋다

음, 살짝 과장한 면도 있어.
내향인인 나도 머리 손질은 잘하거든.
24시간 내내 100퍼센트 내향적이거나
외향적인 사람은 없어.
사실 사람들 모두 조금씩은 내향적이야.
나는 내향성과 외향성의 지표 중간쯤 위치해 있어.
너는 어때?

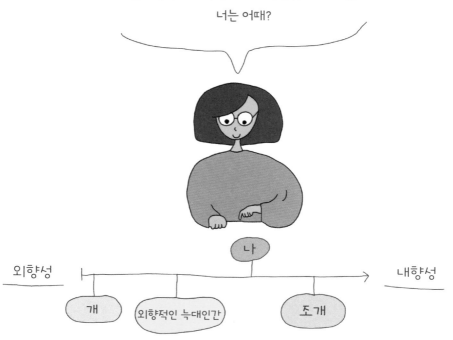

외향성   내향성

나

개   외향적인 늑대인간   조개

내향인은
어떻게 반응할까?

콜린 박사가 내향인의 사회적 상호 활동을 자세히 관찰했어.

1 음성 정보를 보냄

2 음성 정보를 받음

3 내향인의 내면과
음성 정보의 충돌

정보 분석 및 음성 정보가 내면의 평온을 방해할
만큼 가치 있는 정보인지 평가

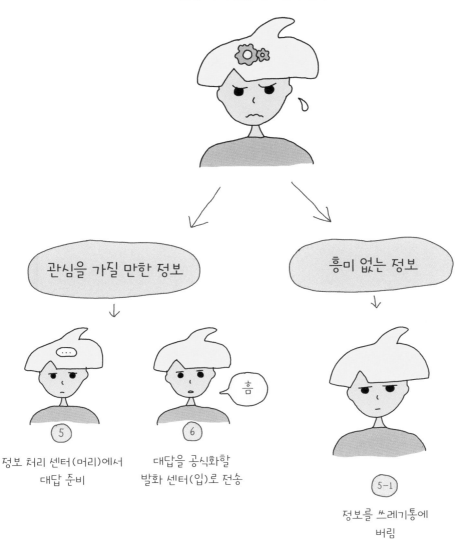

관심을 가질 만한 정보

흥미 없는 정보

정보 처리 센터(머리)에서
대답 준비

대답을 공식화할
발화 센터(입)로 전송

흠

정보를 쓰레기통에
버림

잠시 멈춘 기계(머리)를
다시 움직여 자신에게 집중하거나
좋아하는 활동 재개

만약 내향인이 정보를 거부하는데도 정보를 다시 전달하려 하
거나(내향인을 짜증 나게 해), 내향인의 머릿속에 억지로 정보를
집어넣으려 한다면(내향인을 혼란스럽게 해) 당장 그만두는 게 좋
을 거야.
그런 건 정보를 좋아하는 외향인에게 알려 줘.

내향인의 머릿속

이제부터 과학 실험을 해 볼 거야. 내향인의 머리를 엑스레이로 촬영하면 무엇이 보일까?

궁금하다고 따라 하지는 마!
내향인을 둘로 자르는 실험이니까
(호기심이 많은 내향인은
좋아할지도 모르지만).

그림 1 내용영역의 지형지도

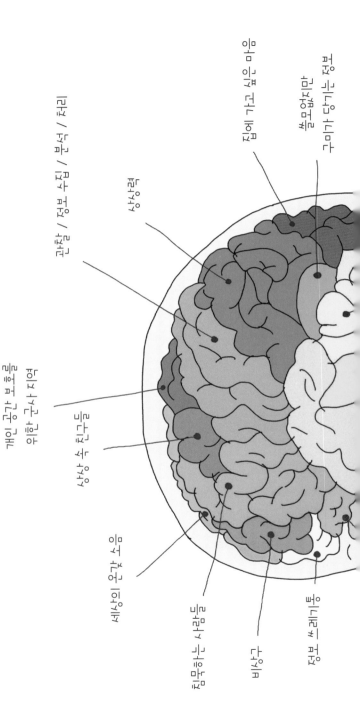

관찰 / 정보 수집 / 분석 / 처리

논설력

새로운 무언가를 만들기 위한 문제 해결

각자의 관점이 있는 토론

메모리의 용량 수용

몸 안의 감각

뇌 움직이기 및
몸 밖의 감각

세상을 보는 수많은 방법들

대상화

정보 쓰레기통

원무를 추는 사람들

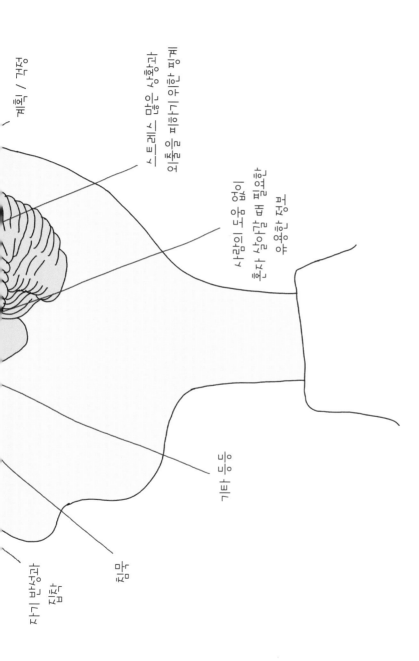

계획 / 꿈꿈

스트레스 많은 상황과
어려운 피하기 어려운 피해
일들

사람이 두 얼굴이
있음
혼자 살아가 때 편으함
혼가 살아갈 때 편으함

음 음
극피

자기 반성과
갈등

마음

내향인 생존 키트 만들기

내향인은 불안하거나 원치 않는 상황 등 스트레스가 많은 상황에서 벗어나기 위한 생존 키트에 관심이 많아. 키트는 각자 필요에 맞게 꾸리면 돼. 생존 키트를 꾸리는 데 도움이 될 만한 것들을 소개할게.

 역겨울 정도로 향이 지독한 향수

 소음 방지 헤드폰

 청소기, 슬리퍼, 지게차 같은 주제를
다루는 전문 잡지

 (해충도 단숨에 제압할 수 있는) 천 쪽 이상의
두꺼운 벽돌 책

위염이나 감기 등 온갖 바이러스성 질병
(혹은 재채기를 일으키는 후추와 더러운 손수건)

 망치와 드라이버
(지루할 때는 항상 고칠 것들이 생겨)

 (가까이 다가오려는 사람에게 실수인 척
휘두를 수 있는) 커다란 악기

 형편없는 유머 감각

 머리를 쥐어뜯을 만큼 어려운 큐브나 수수께끼

 (진동 모드의) 휴대폰

 재빨리 내뺄 때 필요한 접이식 킥보드

　　그리고 생존 키트를 넣을 만한 튼튼하고 실용적인 가방도 필요
해(내향인들은 한쪽 어깨에 메는 메신저 백과 배낭을 아주 좋아해).

내향인은 에너지를
어떻게 충전할까?

휴대폰 배터리처럼 내향인도 에너지가 떨어지면 충전이 필요
해. 내향인의 에너지원을 살펴보자.

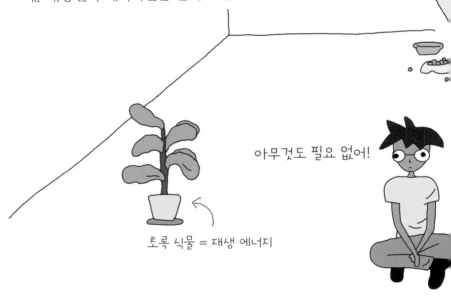

아무것도 필요 없어!

초록 식물 = 재생 에너지

케이크 = 생화학 에너지

운동화 = 운동 에너지

소파 = 배터리 충전소

고양이 = 반려묘 힐링

책 = 무한 에너지

컵 = 수분 충전소

텅 빈 공간 = 빛 에너지

내가 제일 좋아하는
에너지원은 우주 에너지야.

옷에 튈 정도로
소스를 듬뿍 얹은
스파게티

내향인은 뭘 먹을까?

내향인은 이슬만 먹고 산다고 생각하지? 절대 그렇지 않아!
오히려 그 반대일지도 몰라. 내향인도 많이 먹어. 먹을 때만큼은
말하지 않아도 되거든!

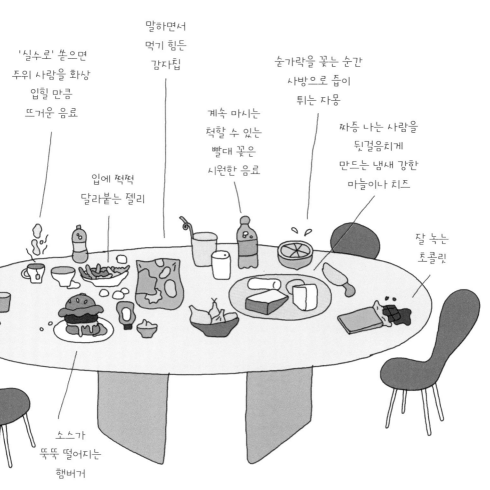

'실수로' 쏟으면
주위 사람을 화상
입힐 만큼
뜨거운 음료

말하면서
먹기 힘든
감자칩

숟가락을 꽂는 순간
사방으로 즙이
튀는 자몽

계속 마시는
척할 수 있는
빨대 꽂은
시원한 음료

짜증 나는 사람을
뒷걸음치게
만드는 냄새 강한
마늘이나 치즈

입에 쩍쩍
달라붙는 젤리

잘 녹는
초콜릿

소스가
뚝뚝 떨어지는
햄버거

난 말을 걸려고 다가오는 사람이 보이면
재빨리 말랑말랑한 캐러멜을 입에 쏙
집어넣어. 그리고 대화할 수 없어 미안하고
안타깝다는 표정을 짓지.

내향인의 즐거움과 무서움

내향인은 어떨 때 즐거움을 느끼고 어떨 때 무서움을 느낄까?
내향인이 즐거움과 무서움을 느끼는 상황을 알아보자.

1. 장편 소설 시리즈의 마지막 권 읽기

☐ 즐거움 ☐ 무서움 ☐ 둘 다

2. 교실에서 발표하기

☐ 즐거움 ☐ 무서움 ☐ 둘 다

3. 모르는 장소 방문하기

☐ 즐거움 ☐ 무서움 ☐ 둘 다

4. 외출 직전 약속을 취소하는 친구

☐ 즐거움 ☐ 무서움 ☐ 둘 다

5. '새로운 거 있어?'라는 질문

☐ 즐거움 ☐ 무서움 ☐ 둘 다

6. 컴퓨터와 겨루는 체스 게임에서 승리하기

☐ 즐거움 ☐ 무서움 ☐ 둘 다

7. (화난 표정과 한숨으로) 버스 옆자리에 다른 사람 못 앉게 하기

☐ 즐거움   ☐ 무서움   ☐ 둘 다

8. 전화벨 소리가 울리거나 전화를 걸어야 할 때

☐ 즐거움   ☐ 무서움   ☐ 둘 다

9. 조별 과제

☐ 즐거움   ☐ 무서움   ☐ 둘 다

10. 아무도 없는 영화관

☐ 즐거움   ☐ 무서움   ☐ 둘 다

11. 메일이나 문자 메시지 보내기

☐ 즐거움   ☐ 무서움   ☐ 둘 다

12. 좋아하는 프로그램의 재방송 시청

☐ 즐거움   ☐ 무서움   ☐ 둘 다

13. 스케이트보드 기술 성공시키기

☐ 즐거움   ☐ 무서움   ☐ 둘 다

14. 나무, 곤충 등을 관찰하며 새로운 종 발견하기

☐ 즐거움 ☐ 무서움 ☐ 둘 다

15. 깜짝 파티 기획하기

☐ 즐거움 ☐ 무서움 ☐ 둘 다

16. (아무도 초대하지 않고) 초콜릿케이크 만들기

☐ 즐거움 ☐ 무서움 ☐ 둘 다

17. 외출이나 가족 모임을 피할 수 있는 완벽한 핑계 찾기

☐ 즐거움 ☐ 무서움 ☐ 둘 다

18. 수학여행

☐ 즐거움 ☐ 무서움 ☐ 둘 다

19. 방역 지침에 따른 외출 제한

☐ 즐거움 ☐ 무서움 ☐ 둘 다

20. 미용사와 대화하기

☐ 즐거움 ☐ 무서움 ☐ 둘 다

21. 새로운 비디오 게임

☐ 즐거움 ☐ 무서움 ☐ 둘 다

22. 진실 게임

☐ 즐거움 ☐ 무서움 ☐ 둘 다

23. 할 일이 없는 하루

☐ 즐거움 ☐ 무서움 ☐ 둘 다

24. 학교 식당에서 모르는 사람이 옆자리에 앉을 때

☐ 즐거움 ☐ 무서움 ☐ 둘 다

25. 왁자지껄 떠드는 사람들과 함께 있기

☐ 즐거움 ☐ 무서움 ☐ 둘 다

26. 새털구름 관찰하기

☐ 즐거움 ☐ 무서움 ☐ 둘 다

내향인의 일생

네 미래는 어떨까? 평생 내향인으로 살아가게 될까? 나이가 들수록 내향성이 더욱 짙어지진 않을까?

인생의 중요한 순간마다 내향인으로서 어떻게 살아남아야 할지 고민되지?

이제부터 내향인의 삶을 생애 주기별로 알아보고, 내향성의 장점과 단점을 살펴볼 거야.

영아기

내향적인 아기가 먼지가 날리는 장면을 가만히 바라보고 있다면 그냥 둬. 아기의 볼을 만져서도 안 되고, 아기를 아무것도 모르는 바보처럼 대해서도 안 돼.

유아기

내향적인 어린아이는 해야 할 말이 있거나 말이 하고 싶을 때에만 입을 열어.

아동기

내향적인 어린이는 또래들과 공놀이를 하는 것이 왜 조약돌 수집이나 곤충 관찰보다 더 중요하고 재밌는 일이라고 하는지 이해하지 못해.

청소년기

내향적인 청소년은 자신의 내향성을 인정하고 자신에게 어울리는 직업을 고민하기 시작해.

청년기

내향적인 청년은 파티나 모임에서 몰래 빠져나갈 수 있는 기상천외한 핑계들을 알고 있어.

중장년기

　　내향적인 중장년은 행복한 시절을 보내. 내향인에게 아이는 외출을 피할 수 있는 가장 좋은 핑곗거리가 되어 주거든. 아니면 다른 사람의 아이를 돌보느라 사람을 만날 시간이 확 줄어.

　　내향인에게는 최고의 순간이지! 일터에서는 도움 없이 일하겠다는 그럴듯한 핑계로 혼자 일할 수 있어.

은퇴 후

은퇴한 내향인은 비로소 마음의 안정을 찾게 돼. 다른 사람은 신경 쓰지 않고 마음대로 시간을 쓸 수 있거든. 게다가 원할 때는 언제든 신경통, 두통 등 각종 질병을 핑계로 외출을 피할 수 있어.

내향인은 무덤에 묻히고 나서야
진정한 평안을 얻어.

가족묘에 묻히거나 개미로
환생하는 경우를
제외하면 말이야···.

내향인을 찾아봐!

그림 속에서 내향인들을 찾아봐!

게임

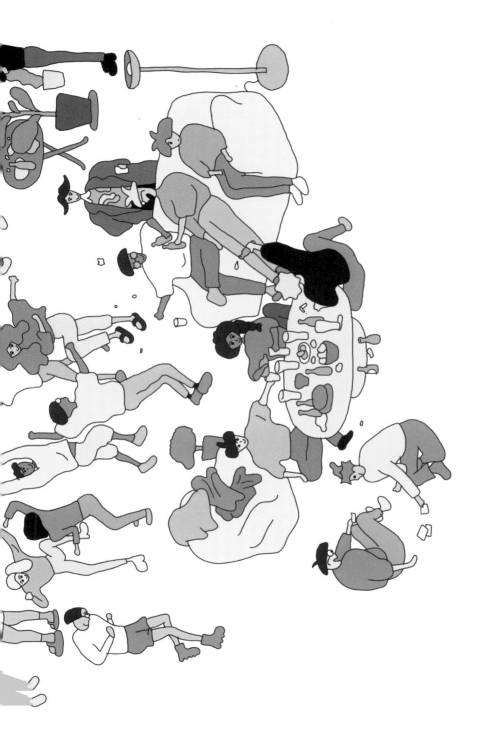

너는 어떤 유형의
내향인이야?

음, 이제 좀 분명해졌어?
내향성이 뭔지 알겠어?
너도 내향인이라는 특이한 유형에 속한다고 생각해?

좋아!

솔직히 네가 내향인이란 사실은 한 번도 의심하지 않았어.
여기까지 책을 읽었다면, 네 안에 내향인의 싹이
분명 존재한다는 뜻이니까.
이제부터 네가 어떤 유형의 내향인인지 알아볼 거야.

약속컨대 너에게
어떠한 사회적 상호 활동도,
극단적인 경험도
강요하지 않을 거야.

너는 어떤 유형의 동물이야?

만약 네가 동물이라면, 어떤 유형의 동물일 것 같아?

남의 신경을 콕콕 찔러 대는
신랄한 동물?

독립적이고 사교적이지
않은 동물?

방어적인 동물?

야성적이고
심술궂은 동물?

신중하고 영리한 동물?

아웃사이더인 동물?

야행성인 동물?

느긋하고 놀기
좋아하는 동물?

정신력이 강하고
속 깊은 동물?

자기만족적이고
잘난 척하는 동물?

자유롭고
겁쟁이인 동물?

어설픈 동물?

말 없는 동물?

게으르고 대식가인 동물?

미래 직업 찾기

너희 부모님이 걱정하지 않도록, 내향인이 장래 희망으로 이야기할 수 있는 직업들을 소개할게. 너라면 실제로도 꽤 잘 해낼 수 있을 거야.

- 비디오 게임 기획자
- 조류학자
- 십자말풀이 창작자
- 석공
- 남극 과학자
- 예술가
- 연 만드는 사람
- 공원 관리원
- 선인장 연구가
- 마임 예술가
- 발명가
- 도예가
- 오케스트라 단원

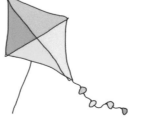

- 정비공
- 파일럿
- 무인도 생존자
- 해커
- 크레인 운전사
- 동굴 탐험가
- 농부
- 등대지기
- 회계사
- 고독한 항해사
- 자연인

나 같은 작가도 나쁘지 않아.
평생 컴퓨터를 끼고 살 수도 있고,
하루 종일 잠옷 차림으로 있어도 돼.
게다가 고양이와 언제든 놀 수 있지.

롤 모델 찾기

내향인 중에는 아주 멋진 운명을 타고난 유명 인사도 많아.
가끔 내향인으로 사는 게 고달프다면, 세계적으로 이름을 떨친
내향인들의 삶을 참고해서 자신과 어울리는 롤 모델을 찾아봐!
상처 난 네 마음을 치료해 줄 좋은 연고가 될 거야.

- 로알드 달, <찰리와 초콜릿 공장> 작가
- 마리 퀴리, 뛰어난 화학자이자 물리학자
- 요다, 영화 <스타워즈> 속 제다이의 정신적 스승
- 그레타 툰베리, 분노할 줄 아는 환경 운동가
- 찰스 다윈, 유인원을 조상으로 둔 자연주의자
- 간디, 불복종 평화주의자
- 나디아 코마네치, 기계 체조 종목 사상 최초로
  10점 만점을 받은 체조 선수
- 셜록 홈즈, 사람을 싫어하는 사립 탐정
- 알베르트 아인슈타인, 우주 천재
- 로자 파크스, 반인종주의 활동가

- 스누피, 게으른 강아지
- 빈센트 반 고흐, 창의적인 화가
- 배트맨, 최고의 장비를 갖춘 슈퍼 히어로
- 비너스 윌리엄스, 외향적인 동생 세리나를 둔 테니스 세계 챔피언
- 엠마 왓슨, 페미니스트 배우
- 장 자크 루소, 산책을 즐기는 고독한 철학자

너의 롤 모델은?

-
-
-
-
-
-
-
-
-
-

내향인의 비밀, 둘!

내향인과 헷갈려서는
안 돼!

FBI 요원 (정보 요원)
• 공통점 : 신중하다.
• 차이점 : 내향인은 총을
  다룰 줄 모른다.

외계인
• 공통점 : '보통' 사람을
  이해하지 못한다.
• 차이점 : 내향인은
  끈적끈적하지 않다.

뱀파이어
• 공통점 : 많은 시간을
  어둠 속에서 보낸다.
• 차이점 : 내향인은 사람의
  목을 물지 않는다.

식물
- 공통점 : 말이 많지 않다.
- 차이점 : 내향인은 광합성을
  하지 않는다.

설인
- 공통점 : 다른 사람의 시선을 피한다.
- 차이점 : 내향인은 털북숭이가 아니다.

심리학자
- 공통점 : 다른 사람의 말을 잘 들어 준다.
- 차이점 : 내향인은 말을 들어 주는 대신 돈을
  받지 않기 때문에 언제든 내뺄 수 있다.

나는 어떤 유형의 내향인일까?

다음 9개 질문에 답하고, 네가 어떤 유형의 내향인인지 알아봐.

테스트

1. 안정이 필요할 때, 나는?

🐟 책이나 영화, 드라마 보기

🐀 큐브 맞추기

🫘 방에 처박혀 있기

🐚 달리거나 운동하기

🪨 산책하기

🐠 신문 읽기

4. 성적표에 적힌 선생님의 평가는?

🐟 수업을 빼먹는다고 기후 위기를 막을 수 있는 건
아니야(하지만 박수는 쳐 줄게)

🐀 몰래 책 읽는 것 좀 그만둬 줄래?

🫘 제발, 책상 좀 흔들지 마

🐚 친구들은 네 과학 실험 대상이 아니야

🪨 칠판에 낙서하는 새를 볼 때마다 수업에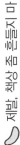
집중해 주면 고맙겠어

🐠 내 말 좀 들어줄래?(선생님 질문에 대답하는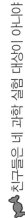
법이 없잖아)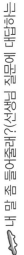

5. 끊임이 이어지는 가족 식사 자리에서…

- 이제 그만 일어나도 좋다고 할 때까지
- 부산스럽게 움직이기
- 몰래 나서하기
- 배턴을 피계로 책 들고 화장실 가기
- 프로 기사인 이모와 바둑 두기
- 가족 간 닮은 점과 유전적 돌연변이를 분석하고 정리하기
- 눈 뜬 채 잠자기

2. 가장 짜증 나는 것은?

- 소음
- 정신 차리라는 잔소리
- 무관심
- 서두르라는 재촉
- 느림
- 지루함

3. 주로 이용하는 휴대폰 기능은?

- 음악 듣기
- 영상 촬영이나 사진 촬영
- 길 찾기
- 게임하기
- 정보 교환이나 검색
- 독서나 영화 감상

7. 내가 꿈꾸는 휴가는?

 두 달 동안 아무도 없는 무인도에서 살기

 국제 우주 정거장에서 무중력 상태로 제류하기

 아마존 밀림에서 캠핑하기

 혼자서 대서양 횡단하기

 동물 보호소에서 봉사하기

호그와트*에서 마법 연수하기

* 소설 〈해리포터〉 시리즈에 등장하는 마법 학교

6. 대중교통 탈 때

 음악 듣기

 휴대폰으로 게임하기

 시간을 아끼기 위해 숙제하기

생각하기

타는 순간부터 내릴 때까지 책 읽기

창밖 바라보기

8. 쉬는 시간, 운동장에서 즐기는 나만의 소소한 즐거움은?

 좋아하는 소설 속 인물들과 토론하기

 줄넘기하기

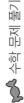 수학 문제 풀기

 다른 사람 관찰하기

 옷장건이나 스티커로 가방, 수첩, 팔 등 꾸미기

거미의 아름다움 감상하기

9. 생일날 받고 싶은 선물은?

 조립형 컴퓨터

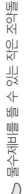 투명 망토

 물속세계를 볼 수 있는 작은 조약돌

 친환경 운동화

새소리 컬렉션

천체 망원경

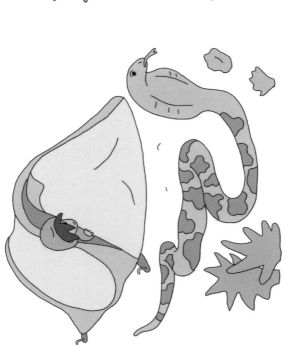

결과

1. 곰돌이가 많은 유형 : 낭만적 내향인

너는 사람보다 허구의 인물을 더
좋아해. 소설, 영화, 드라마, 만화,
게임 속 인물의 운명을 관찰하며 편
안함을 느껴. 어느 날, 해그리드˚가
호그와트 마법 학교 입학 소식을 들고
너희 집을 찾아온다거나, 유명 영화 제작자
가 너를 깜짝 캐스팅하기를 은근히 기대하고 있어.

˚ 소설 〈해리포터〉의 등장인물로, 종종 신입생들을 마법 학교로 안내하는 역할을 맡고
있다.

2. 사탕이 많은 유형 : 과학적 내향인

너는 사람들이 너무 단순하고 예측하기 쉽다고 생각해. 어렵
고 까다로운 수수께끼, 십자말풀이, 체스, 수학, 컴퓨터 프로그

램 등을 무척 좋아하지.
너는 엄청난 하이테크 내
향인이야.

3. 악어가 많은 유형: 관조적 내향인

너는 운명론자야. 일상에서는 별로 얻을 것
이 없고, 웬만한 활동은 쓸데없다고 생각
해. 음악을 듣거나 미술관에서 아름다운
작품을 감상하고, 풀밭에 누워 흘러가는
구름을 쳐다보는 일을 좋아해. 아무것도,
그 어떤 것도 하지 않을 수 있는 엄청난 능력
을 갖고 있어.

4. 바나나가 많은 유형: 활동적 내향인

너는 야망과 독립심이 부족한 가족이나 절망하고 몰락해 가
는 인류를 구하기 위해 헌신해. 조립 가구를 잘 맞추지는 못하
더라도 뚝딱뚝딱 무언가 만들기를 좋아하고, 생존을 위해 열심
히 노력해. 다방면에 관심이 많은 보기
드문 활동적 유형이야.

5. 사과가 많은 유형: 자연주의 내향인 🫛

너는 사람들이 별것도 아닌 쓸데없는 일에 말이 많다고 생각해. 그래서 네 일에 간섭하지 않는 자연을 관찰하는 데 에너지를 사용하지. 숲을 산책하고 나무들이 자라는 것을 관찰하거나 동물들의 울음소리를 구별하는 법을 배워.

6. 별이 많은 유형: 행동하는 내향인 ⭐

내향적인 성격이지만 환경이나 정치 문제에 적극적으로 참여해. 하지만 단체 활동과 시위는 그다지 좋아하지 않아. 블로거로 활동하거나, 벽보를 그리고 슬로건을 만들어서 소셜 미디어를 통해 퍼트려.

내향인과 소통하기

내향인을 이해하거나
길들이고 싶은 사람을 위한
내향인 소통 가이드

이 장을 읽기 전에 먼저 알아 둬야 할 것이 있어.
내향인이라고 해서 사람을 좋아하지 않는 건 아니야.
내향인은 누구에게, 언제, 어떻게(멀찍이 떨어져서),
얼마만큼(가능한 짧게) 대화할지
스스로 결정하고 싶어 할 뿐이야.

내향인 친구를 사귀거나 내향인 애인을
만나게 된다면 이 책을 참고하길 바라.
그리고 가족이나 친구들 눈에 잘 띄는 곳에
이 책을 두도록 해. 모임이 있거나 약속이 있을 때에는
벽보처럼 만들어서 걸어 둬도 좋겠지.

솔직한 내향인 언어 사전

내향인은 자신만의 언어를 갖고 있어. 주로 콧소리를 쓰며, 자음과 모음으로 이루어진 의성어, 속삭임, 웅얼거림 등을 사용하지. 이 정교한 언어 덕분에 내향인은 별 어려움 없이 다양한 감정을 표현할 수 있어. 아래의 음성 사전을 이용하면 그 미묘한 차이를 이해할 수 있을 거야.

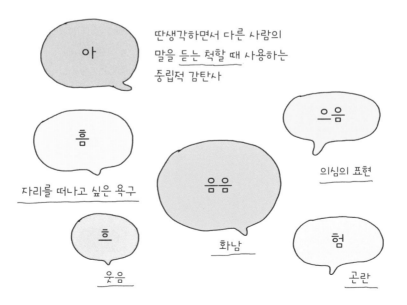

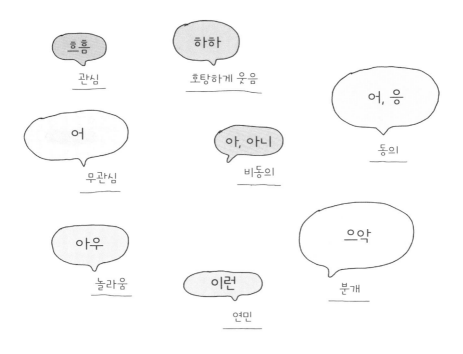

흐흠
관심

하하
호탕하게 웃음

어, 응
동의

어
무관심

아, 아니
비동의

아우
놀라움

이런
연민

으악
분개

잠깐. 내향인의 침묵은
가장 이해하기 힘든 의사 표현이야.
표정에 따라 피곤하다는 뜻일 수도 있고,
반대로 함께해서 즐겁다는 뜻일 수도 있어.
너라면 구분할 수 있을 거야. 힘내!

초급 과정

비언어적 의사소통 방법

내향인이 간혹 짜증 나고 애매모호하고 은유가 가득하고 시끄럽고 요란하고 황당한 말을 할 때가 있어. 특히 말을 하라고 강요받는 상황에서 더 그런 말들을 사용하지. 내향인과는 다른 방식으로 소통해야 해. 다음은 내향인에게 말을 걸 때 사용할 수 있는 대체 언어들이야.

* 고래 노래
* 모스 부호
* 눈 굴리기
* 수수께끼
* 마임
* 꿀벌의 춤
* 미소
* (바다를 떠다니는 병에 든) 편지
* 야옹야옹

* 연기
* 음악 플레이리스트
* HTLM, PHP, 파이썬, 자바스크립트
* 춤
* 텔레파시
* 부재
* 비둘기와 부엉이
* (헬륨 풍선에 매달려 있거나 서랍, 주머니 속에 든) 쪽지들

내향인의 비명을 들어 본 적 있어?
감정 조절이 뛰어난 내향인은
오로라(보다는 덜 아름답지만)만큼. 혹은 윤년에 뜨는
보름달만큼 비명을 지르는 일이 드물어.

초급 과정

내 동아리의 가장 핵심 동사들

행복

찌릿함

즐거움

화

편안

놀람

만족

걱정

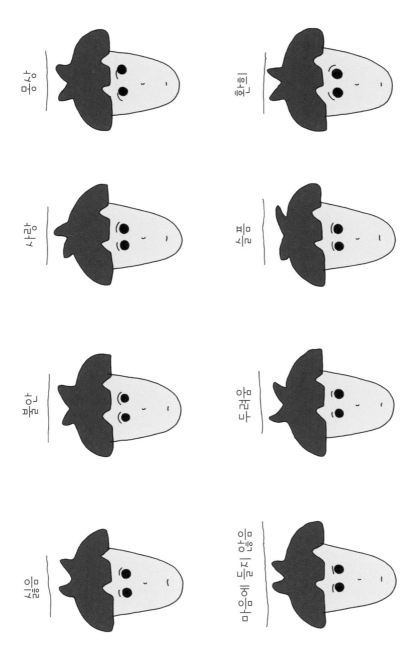

못생김

사랑

몰두

화남

슬픔

두려움

마음에 드는지 않음

상당한 거리
(다시 말해 먼 거리) 유지하기

문자 메시지로
수수께끼 보내기

도서관에서 내향인이
고른 책과
같은 책 빌리기

음식과
음료 주기

내향인이 있는 곳까지
조약돌 놓기

내향인과 친구되기

내향인에게 다가가려면 끈기와 세심함이 필요해. 야생 동물을 대하듯, 내향인이 겁먹지 않게 잔머리를 굴릴 줄 알아야 하거든. 내향인과 친해질 수 있는 몇 가지 방법을 소개할게.

종이 비행기 날리기

호의적이고 다정한
신호 보내기

내향인을 골라
사귈 수 있을까?

이럴 수가,

아직 하나도 이해를 못 했잖아!

그게 아니야!

우리는 내향인을 고를 수 없어. 내향인이 우리를 선택하는 거야. 내향인과 친해지는 가장 좋은 방법은 너무 멀지 않은(그렇다고 너무 가깝지도 않은) 모퉁이에 서서 가만히 기다리는 거야. 차분하게, 아주 침착하게, 그리고 아주아주 많은 인내심을 가지고.

어쩌면 내향인이 널 스토커나 연쇄 살인범으로 오해하고 경찰에 신고할 수도 있어(유감이야). 아니면 네 존재를 전혀 눈치채지 못하거나, 내향인 안에서 네 존재가 점점 작아져 먼지처럼 사라질 수도 있지(이 경우도 유감이지만, 어쨌든 시도는 해 봤잖아).

하지만 누가 알겠어? 내향인이 어느 날 고개를 돌려 미소를 지으며 다정한 손짓을 해 줄지….

어때, 너의 운을 시험해 볼래?

내향인과 파티 하기

　좋아, 내향인과 친해지는 데까진 성공했어. 이제 파티에 내향인을 초대하고 싶겠지? 그러려면 몇 가지 지켜야 할 규칙이 있어.

기본 규칙

- 초대는 최대 3명까지(단, 조용하고 독립적인 성격의 사람이어야 해)
- 음악은 약하게 틀기
- 사람들끼리 어울리도록 강요하지 않기
- (준비해도 큰 효과는 없겠지만) 음식과 음료 준비하기
- 혼자 쉴 수 있는 방이 여러 개인 장소를 우선적으로 선택하기

사람들이 대화하지 않는다고 해서
파티가 망한 것은 아니야!

전략

내향인에게 싫증이 날 때는 어떻게 해야 할까?

가끔 내향인을 만나는 것이 짜증 나고 지루하고 무척 절망적으로 느껴지는 순간이 올 때도 있어. 무슨 말을 해도 별 반응 없는 사람을 앞에 두고 떠들다 보면 화가 날 수도 있겠지. 때로는 유쾌한 사람들과 신나고 왁자지껄한 삶을 살고 싶어지기도 해. 큰 소리로 대화하고 목청껏 노래 부르고 음료를 쏟고 음식을 흘리고 맘껏 자신의 생각을 표현하고 싶은 순간이 찾아올 땐 이렇게 행동해 봐.

자, 새로 사귄 내향인 친구를 줄행랑치게 만드는 방법이야.

✳ 내향인 친구에게 전화를 걸어.
시도 때도 없이 걸어. 친구에게 전화를 달라고 문자하고,
전화가 오면 무조건 문자로 답장해.

✳ 내향인이 싫어하든 말든 신체 접촉을 시도해.
면전에 대고(단, 양치질을 하면 안 돼) 큰 소리로 말하고
상대방이 뒷걸음치더라도 계속 다가가.

✳ 모르는 친구들에게 내향인을
소개해 주고 그냥 가 버려.

✳ 사람들 앞에서 내향인이
불편해하는 개인적인 질문을 던지고
대답하라고 우겨.

✳ 내향인이 듣든 말든 상관하지 말고
큰 소리로 아무 말이나 계속 지껄여.

✳ 꼭 필요한 경우, 사람들이
아주 많은 곳에 내향인을 홀로 두고 떠나.

위기 상황에 대처하기
사회생활을 어려워하는 내향인을 대하는 방법

내향인은 다루기 어려운 전자 제품처럼 아주 예민해.
충격을 받으면 깨지기 쉽지. 그러니까
아주 조심스럽게 다뤄야 해(그렇다고 휴대폰처럼 케이스로
보호하려고 하지 마, 그건 어리석은 짓이야!).

78

만약 내향인이	짐작할 만한 원인	해결 방법
도망친다	상황이 불편하다	같이 도망쳐
대답을 하지 않는다	말하고 싶지 않다	조용히 해!
외출 제안을 거절한다	나가고 싶지 않다	다른 친구와 약속을 잡아
불안 발작을 일으킨다	주위에 사람이 너무 많다	조용한 장소로 데려가
활동을 하지 않는다	사회생활에 지쳐 에너지가 바닥났다	에너지를 충전할 수 있게 가만히 둬
뒤로 물러난다	네가 개인 공간을 침범했다	다가가는 것을 멈춰
더는 전화를 받지 않는다	네 행동이 예측 가능한 범위를 벗어났다	전화 그만해. 며칠 기다렸다가 비둘기를 날려
무슨 생각을 하는지 몰라 짜증 난다	내향인에 대해 아직 눈곱만큼도 이해를 못 하고 있다	내향인 친구의 마음을 억지로 얻으려 하지 마. 이 책을 처음부터 다시 읽어
네가 좋아하는 활동에 전혀 관심이 없다	당연하지, 네 친구는 내향인이잖아!	내향인 친구를 있는 그대로 받아들일 마음이 없다면 얼른 다른 사람을 찾아

아쌍당쏘, 내가 진짜 내향이?!

☐ **침묵의 순간이 기쁘고 즐겁다:** 대화 중 침묵이 흘러도 어색하지 않고 오히려 좋다(민트 초콜릿에 대한 개인의 기호처럼, 침묵에 대한 기호도 드물지만 타고나는 경우가 있어).

☐ **휴대폰에 꽤 어려운 퍼즐을 깔았다:** 처음에는 긴가민가했지만 금세 퍼즐에 빠진다.

☐ **재미있는 시리즈나 영화에 자주 몰린다:** 시리즈나 영화에 푹 빠져 밤새 말 한마디 없이 다 본다.

☐ **주말을 도서관에서 보낸다:** 할 일이 너무 없어서 책을 펼친 뒤로 매주 3권씩 책을 읽는다.

☐ **산책, 승마, 수영, 요가를 배운다:** 다는 권투나 격투기 같은 격한 운동에 관심이 없다.

다섯 개 이상 표시했어?

어쩌나, 내향인으로 변신 중이네!

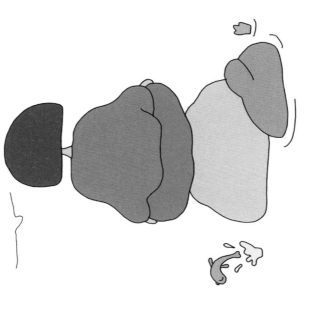

혼자 있으려고 거짓말을 했느니

전혀 죄책감이 들지 않아?

이런 이런, 너는 내향인이 된 거야.

내향인의 세계로 온 것을 환영해, 귀염둥이!

☐ **유기 동물 보호소에서 반려동물을 입양한다:** 반려 동물의 매력을 발견한 순간, 동물이 사람보다 훨씬 낫다는 사실을 깨닫는다.

☐ **자연사 박물관에 간다:** 박물관에서 만난 공룡이 이름을 모두 외운다. 그 뒤로도 자주 혼자서 박물관에 간다.

☐ **매철씩 숲에 머문다:** 숲에서 생존하는 능력을 익힐수록 점점 내면의 목소리에 귀 기울인다.

☐ **도예에 빠진다:** 꽃병을 완성하려고 통화 시간을 줄인다.

☐ **자전거 수리법을 익힌다:** 자전거 수리법을 익혀서 버려진 자전거를 수집해 고친다.

내향인과 사랑에 빠지기

내향인을 사랑할 준비가 됐어? 내향인은 자신의 여린 마음을 요새처럼 단단히 지키고 있어서 쉽게 마음을 열지 않아. 그렇지만 내향인을 유혹하는 기술은 분명 존재해. 손가락 하나로도 내향인을 사로잡는 기술을 알려 줄 테니, 한번 시도해 봐.

＊ 조금씩 다가가 친구가 되도록 해.
친구가 되었다면

＊ 상대방이 너에게 다가올 수 있게
시간과 인내심을 갖고 기다려.

＊ 내향인이 좋아하는 것에
관심을 가져.

＊ 말할 필요가 없는 곳(예를 들면 영화관)에
함께 가자고 해.

＊ 내향인은 거의 표현을 하지 않기 때문에
미세한 신호에도 주의를 기울여야 해.

＊ 인내심을 가져야 해. 반응이 미적지근해도
너무 쉽게 포기하지 마.

　　　＊ 침묵과 고독을 즐길 줄 알고, 그게 일상이 되도록 노력해야 해.
　　요가나 명상을 추천해.

＊ 이제 내향인이 적극적으로 다가올 때까지 기다려.
네가 마음에 든다는 것을 깨닫는 순간이 올 테니까(몇 달 동안 소식이 없을 수 있어).

　　＊ 뜻밖의 상황에 대처할 수 있도록 항상 마음의 준비를 해둬.
　내향인이 사랑에 빠지면 전혀 예상치 못한 부분에서 외향성을 띨 수 있거든.

내향인의 사랑 표현

내향인을 사랑하려면 감정의 차이를 민감하게 구분할 줄 알아야 해. 사랑에 빠진 내향인이 자신이 좋아하는 것들에 대해 이러쿵저러쿵 떠들어도, 애정 표현 또한 마구마구 할 것이라고 기대하진 마.

다른 사람 앞에서 사랑 고백하기, 창문 너머로 연애편지 보내기, 학교 식당에서 노래 부르기 등의 행동은 절대 하지 마. 내향인은 은밀하고 소소하게 관심을 표현할 때 더 반응을 보일 수 있어.

사실 내향인을 사랑하는 일은 별로 어렵지 않아.
딱 하나만 기억하면 돼. 바로 신중함!
네 사랑을 전 세계 사람들과 공유할 필요도 없고,
전교생에게 알릴 필요도 없어.
사람들의 시선이 네 사랑에 쏠리는
상황은 절대 만들지 마. 꼭 기억해.
그럼 행운을 빌어!

행동	평가	의미
웃으면서 시선을 돌린다	좋은 신호	너에게 마음이 흔들린다
한숨을 쉬며 고개를 돌린다	나쁜 신호	너 때문에 짜증 난다
옆에 있는 것을 허락한다	좋은 신호	너와 함께 있는 것을 견딜 수 있고, 어쩌면 고마워할 수도 있다
말없이 너의 말에 귀 기울인다	좋은 신호	너에게 관심이 있을지도 모른다
놀란 토끼 눈으로 쳐다본다	나쁜 신호	겁을 먹었다. 네 말이 너무 많았던 게 분명하다
뚫어져라 바라본다	좋은 신호	네가 마음에 들지만, 표현을 어떻게 해야 할지 모르는 것일 수 있다
다가갈수록 뒷걸음질 친다	나쁜 신호	네가 무섭다
의성어로 대화한다	나쁜 신호	정중하게 너를 쫓아내고 싶어 한다
분명하게 말은 하는데 싫은 기색이 아니다	아주 좋은 신호	브라보, 성공이야!
기절한다	아주 나쁜 신호	포기해(의식을 회복하도록 도와줘!)

정리

내향인과 어떻게 친해질까?

방문이나 옷장에 붙여 두면 좋을 포스터

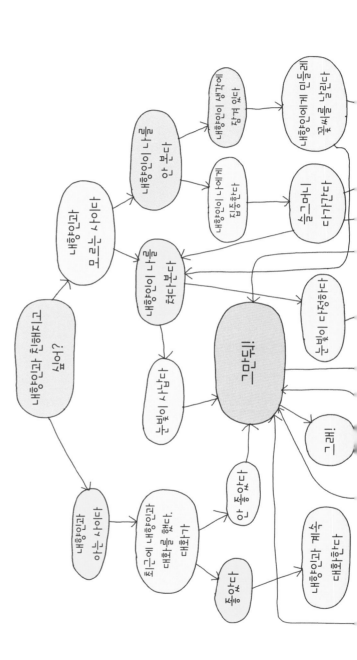

나는 어린이와 인연이 없다

나는 어린이와 친해지는 방법을 모른다

내가 미소 짓는다

어린이도 미소 짓는다

어린이에게 한 발짝 다가간다

어린이가 물러난다.
내가 너무 서둘렀다.

어린이가 긴장해한다

어린이에게 인사한다

어린이도 인사한다

어린이가 계속 웃는다

어린이가 다정하다

다음에 다시 시도한다
(아니면 두 번 다시 시도하지 마!)

잘 모르겠으면 포기한다

포기

때 아니다

웃어 보이며 다시 다가가 날리라고 다시 접근해야

어린이가 웃는다

어린이가 대답한다

방법이 없어서 포기했다

어린이가 대답한다

어린이가 사촌새활을 물으며 눈사람가 되어 있다. 웃어, 웃을 수 있다.
친마다가 동요하다

성공

어린이의 눈에 맞선 동에 피행기가 내려앉아 있다

어린이의 눈에 띄다

피가 난다

어린이가 운다

서둘러 어린이의 귀를 부용 손으로 대려간다 이유 겨기로 활동안 막 체온으로 어린이가 겠지 될거나 누가 겠는가?

레슨 4

적대적인 환경에서
살아남기

현실에 맞서기로 결심했어?
사람들에게 너의 내향성을 알릴 준비가 됐어?

내향인이라고 해서 세상을 등지고 살 수는 없어.
부모님은 학교에 가야 한다며 매일 아침 네 등을
떠밀 것이고, 선생님은 시도 때도 없이 질문을 퍼부어 대겠지.
하지만 네가 냉정하고 무뚝뚝하게 대해도 속마음만큼은
무척 다정하다는 것을 알아채는 친구도 있을 거야.
어쩌면 뜻밖의 친구를 사귀게 될지도 모르지.

내향인 조상들이 체득한, 적대적인 환경에서
내향인이 살아남는 가장 확실한 생존법을 알려 줄게!

내향적인 청소년의 생존 7계명

이미 7계명을 알고 있어도 다시 한번

되새기도록 해. 절대 손해 보는 일은 없을 거야!

1. 사람들을 답답하게 만드는 10가지 방법 숙지하기

2. 강요하는 선생님 피하기

3. 운동장에서 나만의 장소 찾기

4. 외장하드 익히기

5. 최첨단 기술을 활용하기

6. 주변에 <u>운신처 마련하기</u>

7. 긴급 상황 시 따라갈 할 수 있는 매뉴얼 <u>숙지하기</u>

첫 번째 계명

사람들을 도망치게 만드는
10가지 방법 숙지하기

① 단호한 표정을 짓는다

'나는 친절하지 않아'라는
표정을 연습한다 ②

③ 이상하고도
섬뜩한 태도를 취한다

④ 너무 튀지는 않지만,
눈에 띄는 복장을 한다

상하좌우로 눈동자를
굴리는 법을 연습한다 ⑤

⑥ 사람이 다가오면
재빨리 방향을 튼다

빠르게 걷는다 ⑦

⑧
바이러스에 감염됐거나
목이 잠긴 것처럼 행동한다

⑩
시선을 마주치지 않거나 얼굴을
못 알아보는 척한다

⑨ 누군가 부르면
못 들은 척한다

강요하는 선생님 피하기

내향인은 반 친구들의 시선이 쏠린 가운데 선생님의 질문에 답하는 상황을 두려워해. 이런 끔찍한 상황을 피하거나, 그런 위험을 줄일 수 있는 세련된 방법을 알려 줄게.

1. 절대 선생님과 시선이 마주치면 안 돼. 그렇다고 멍한 표정을 짓거나 자는 것처럼 보여서도 안 돼. 공책을 보거나 다른 친구들을 보며 수업에 집중하는 표정을 지어야 해.

2. 간혹 어렵지 않은 문제를 묻거나, 반 친구들이 대답할 때 함께 대답해. 수업을 열심히 듣는다는 인상을 줘야 하거든.

3. 교실 구석에 앉아. 하지만 수업 시간마다 졸아서 질문 공세를 받는 친구 옆에는 절대 앉지 마.

4. 마지막 방법은 위장술이야. 책으로 얼굴을 가리거나 책상 밑에 숨어. (덩치 큰) 친구 뒤에 몸을 숨기거나 뭐든지 가릴 수 있는 것을 최대한 활용해서 눈에 띄지 않도록 해.

선생님의 시선을 끄는 소리가 나지 않게
조심해. 의자 끄는 소리,
연필 떨어지는 소리, 코 훌쩍이는 소리,
웃음소리, 하품 소리, 짝꿍의 코 고는 소리 등.
선생님은 시끌벅적한 학생에게
질문하는 것을 아주 좋아해!

세 번째 계명

운동장에서 나만의 장소 찾기

①

할 일이 무척 많은 것처럼
항상 도구들(책, 헤드폰, 문제집, 공책,
비디오 게임, 음식 등)을 챙겨 나가기

②

다른 사람들을 방패로 삼기.
네가 말하지 않아도 크게 신경 쓰지 않는
친구들과 운동장에 나가기

③ 말없이 조용히 지낼 수 있는
내향인 친구들과 함께 있기

④ 수다쟁이, 게임을 하거나
시끌벅적하게 운동하는 무리에서
멀찍이 떨어져 있기

⑤ 은신처 찾기: 귀퉁이, 벤치, 혹은
사람들이 불편해서 가지 않는 곳 찾기

네 번째 계명

위장술 익히기

(대중교통, 학교, 가족 식사 모임, 할인 행사 중인 가게, 축제 등) 요란하고 사람이 많은 곳은 위장술을 익힐 수 있는 좋은 장소야!

한자리에 오래 머물러야 할 경우를
대비해서 며칠 동안 먹을 음식과
시간을 때우며 할 만한 것 등을 가지고 다녀.

최첨단 기술을 활용하기

요즘 누가 문자 메시지로 소통해?

아직도 휴대폰으로 통화하는 사람이 있어?

휴대폰은 다른 사람과의 소통을 피할 수 있는

아주 좋은 핑곗거리야.

휴대폰으로
자주 가는 장소의
문 여는 시간 확인하기

'전화를 못 받을 만큼
대수 있게' 휴대폰은
무음으로 설정하기

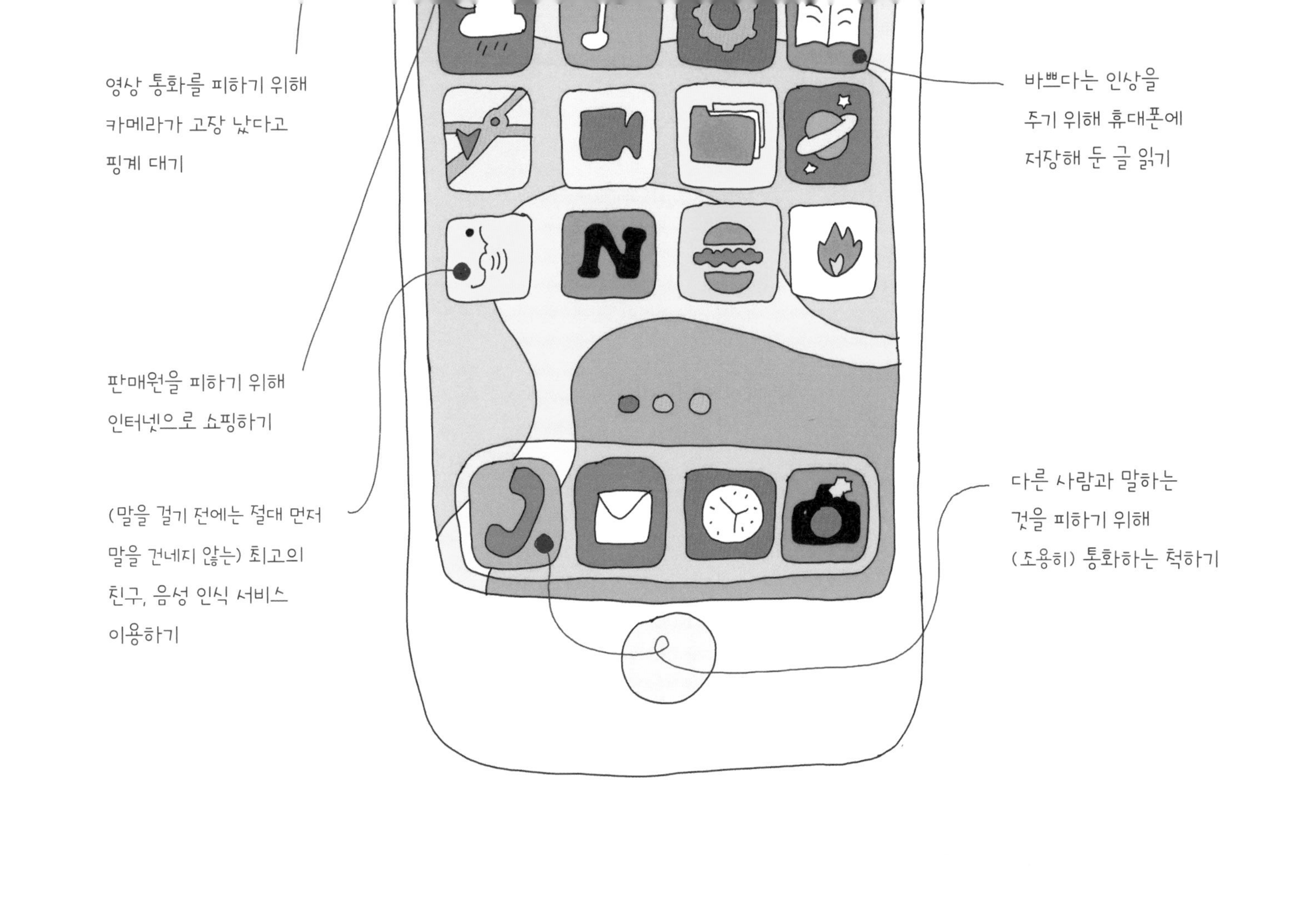

바쁘다는 인상을
주기 위해 휴대폰에
저장해 둔 글 읽기

다른 사람과 말하는
것인 척하는 위해
(조용히) 통화하는 척하기

영상 통화를 위하기 위해
카메라가 고장 났다고
피케 대기

판매안는 위해하기 위해
인터넷으로 쇼핑하기

(많은 걸기 진에는 진대 먼저
많은 건네지 않는) 친구의
친구, 음성 인식 서비스
이용하기

여섯 번째 계명
주변에 은신처 마련하기

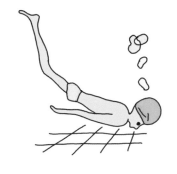

수영장 바닥

머릿속

숲속

수학책이나
역사책 속

거품이 가득한 욕조

포근한 이불

마블 시리즈 속

수리할 모터가 가득한 작업실

비 오는 날 우산

교실 구석 난로 옆

베이킹 재료가 구비된
부엌

꿈속

음악이 흘러나오는
헤드폰

영상 속

마스크 속 혹은 집 안

일곱 번째 계명

긴급 상황 시 따라 할 수 있는
매뉴얼 숙지하기

이 모든 조치에도 불구하고, 수다쟁이나 껌딱지가
달라붙었을 때 따라 할 수 있는 대처 매뉴얼을
알려 줄게.

① 아주 급한
일이 있는
척하기

내향이가 외향이와 마주치지 않고 늦신처로 도망칠 수 있게 도와줘!

놀이

내향인은 왜
살아남아야 하는가?

우리가 현실 세계에 적응하려고
왜 이렇게 많은 노력을 들여야 하는지 의문이 들 수 있어.
하지만 잘 생각해 봐. 좀비 바이러스나 외계인 침공으로
인류가 멸종하면 우리 내향인들만 살아남을걸?

아직도 모르겠어?
설명해 줄게!

- 우리는 외향인들이 점령한 세상에서 탈출하는 법을 알고 있어. 게다가 아주 뛰어난 적응력을 갖고 있지.
- 우리는 행동하기 전에 생각해.
- 우리는 곧바로 후회할 어리석은 짓을 (거의) 하지 않아.
- 우리는 주체적이고, 다른 사람을 필요로 하지 않아.
- 우리는 결코 지루해하지 않아.
- 우리는 모든 것을 불신해.
- 우리는 고독을 두려워하지 않아.
- 우리는 우리의 가치를 증명하기 위해 영웅놀이를 하지 않아.
- 우리는 난처한 상황에서 벗어나는 법을 알아.
- 우리는 사회적 상호 활동이 없다고 해서 미쳐 날뛰지 않아.
- 우리는 세상의 종말이 와도, 집에서 좋아하는 시리즈를 보면서 행복해할 수 있어.

자, 이제 이쯤할까?
너 때문에 힘들어서 그만두려는 건 아니야.
말을 너무 많이 해서 그래.
난 이제 내 동굴로 돌아가려고.
세상의 종말이 오면 그때 다시 만날까?

감사의 글

몰래 이 책을 읽으며 행복을 만끽했을 전 세계 내향인들에게 고마움을 전하고 싶어. 너의 모습 그대로 세상을 은밀하게 바꿔 나가(아니면 눈송이를 세는 것처럼 더 의미 있는 일을 할 수도 있겠지). 수전 케인(《콰이어트》를 집필했어. 관련 영상은 테드에서 볼 수 있어)과 존경하는 칼 구스타프 융 선생님에게 진심으로 감사해. 2015년, 이 글을 작은 책으로 만들어 출간해 준 몽트로그라프 출판사에 감사해. 책을 함께 작업해 준 로이크와 실비, 올리비에에게도 감사하고, 여러 번 원고를 손봐 준 마르탱에게도 고마움을 전하고 싶어.

이 책을 작업하면서 부당한 대우를 받은 내향인은 없었어.

적어도 내 생각에는 그래!

이 책에 등장하는 인물과 상황은 완전히 허구이며, 모두…

칼 구스타프 융 선생님을 제외하고 이 책에 등장하는 인물과
상황은 완전히 허구이며, 있을 법하거나 있을지도 모르는 인물
과 상황은 우연의 일치일 거야.

Original title: Introverti.es, mode d'emploi
By Coline Pierré and Loïc Froissart © 2021, Rouergue
Korean translation copyright © 2022, Hyeonamsa Publishing Co., Ltd.
All rights reserved.
Korean translation rights arranged with Rouergue SA through Amo agency, Korea

집에 있어도 집에 가고 싶은
내향인 설명서

초판 1쇄 발행 | 2022년 11월 15일

글쓴이 | 콜린 피에레
그린이 | 로이크 프루아사르
옮긴이 | 김영신

펴낸이 | 조미현
책임편집 | 황정원
편집진행 | 박단비
디자인 | 씨오디 Color of Dream

펴낸곳 | (주)현암사
등록일 | 1951년 12월 24일 · 제10-126호
주소 | 04029 서울시 마포구 동교로12안길 35
전화 | 02-365-5051 · 팩스 | 02-313-2729
전자우편 | child@hyeonamsa.com
홈페이지 | www.hyeonamsa.com
블로그 | blog.naver.com/hyeonamsa
인스타그램 | www.instagram.com/hyeonam_junior

ISBN 978-89-323-7580-9 03180

INSTITUT
FRANÇAIS

Cet ouvrage a bénéficié du soutien des Programmes d'aide à la publication de l'Institut français.
이 책은 프랑스 해외문화진흥원의 출판번역지원프로그램의 도움을 받아 출간되었습니다.